Esta versão foi transcrita e traduzida por w.uriel

TESOURO

DO

VELHOTE

DAS

PIRÂMIDES

VERDADEIRA CIÊNCIA

DOS TALISMÃS

AVISO PRÉVIO

DOS EDITORES DE

BRUXELLOIS

Este livro de talismãs

é,

com desenhos e

palavras cabalísticas,

uma cópia muito exata

do original depositado

na Grande Mesquita de Alexandria.

O único espécime

conhecido na Europa

no inal do século

passado.,

encontrado na

biblioteca em si um dos principais mosteiros de Veneza. Tendo a reforma deste convento determinado a venda da sua biblioteca, o precioso manuscrito foi comprado por um rico capitalista inglês, por uma soma enorme. Os herdeiros deste homem opulento, não sabendo do mérito deste volume, cederam-no por muito pouco dinheiro ao Sr. Tycleton, que o imprimiu em vinte cópias, que enviou como um presente a vários soberanos e a

vários de dele
Comentários dos
editores.
amigos íntimos, em
particular do Sr.
VanStopel, armador
que vive em Amsterdã.
É nesta cópia que foi
modelada a nossa
edição: garantimos a
sua veracidade.
Devemos dizer que o texto deste manuscrito
foi escrito na língua
árabe e que a tradução
foi coniada a um dos
homens mais eruditos
do nosso século.
Não sofremos a menor
alteração nos desenhos
ou na graia do
ou

Palavras cabalísticas

para pronunciar a

serem gravados nos anéis, porque

temíamos que a menor

alteração que ali se

izesse destruiria o

efeito que se esperava.

irmãos *van Leufen*

Composição de

talismãs e anéis ou

anéis e observações

relacionadas.

Dos anéis

Os anéis devem ser feitos de metal virgem,

qualquer que seja sua

natureza. Assim, caso

seja utilizado ouro ou

prata, é necessário que

nenhuma liga metálica

entre nessas caixas.

A forma, a cor das

pedras com que serão

enriquecidas e as

palavras que devem

ser gravadas, fora ou

dentro do círculo, estão indicadas, seja na

explicação relativa

em cada prancha, ou na própria prancha,

então não há

necessidade de se

preocupar com isso

aqui.

TALISMÃS.

Os talismãs devem ser

feitos de tecido de

seda, com o dobro do

tamanho dos desenhos

impressos nas tábuas.

No entanto, esses

desenhos não serão

ampliados; eles serão copiados e

reproduzidos na seda,

como segue.

1. • Estique o tecido como se fosse bordá-lo.

2. Ůse lápis de graite de primeira qualidade para traçar os contornos, a seguir com cores apropriadas e com tinta mágica cuja composição está indicada na explicação.

da primeira placa, iremos sombrear e inalizar esses desenhos.

A cor do material a ser usado é aquela que foi usada para colorir as placas. As tonalidades ou sombras aí existentes serão realizadas por meio das

cores que se sobreporem, nos lugares que não se encontram na cor geral.
Esses talismãs devem ser orlados com uma borda de ouro, prata ou seda, de cor diferente, mas condizente com o fundo do tecido. Portanto, o azul vai bem com várias cores; mas o preto vai mal com o verde; a última cor não é simpática ao azul, etc., etc.
Podemos dobrar esses talismãs, o que será melhor, então o forro deve ser da cor da borda.
É importante não

trabalhar na composição desses talismãs ou desses anéis, você ou aquele que vai usar, até que ambos estejam limpos de todas as manchas. moral, porque só o homem puro tem o direito de comandar em nome daquele que tudo governa.

EXPLICAÇÃO

De placas que representam o Talismãs ; Formas que os Anéis que servem como seus auxiliares devem ter ; Uso e Virtude de cada um deles em particular .

PRIMEIRO PRATO .

Este tabuleiro representa o círculo formado pelo velho das Pirâmides, no meio do qual ele se colocou quando se interessou por algo. Ele então ergueu as duas mãos em direção ao cofre, dizendo: Soutram , Ubarsinens . No momento, gênios se aproximaram dele e o carregaram para onde era apropriado que ele fosse colocado para ver o que ele queria. Quando queria caminhar pela imensidão, pronunciava Saram , e quando queria voltar para casa dizia : Rabiam .

Este círculo é formado por uma haste de carvão, vime ou avelã, com quase dois metros de comprimento, tendo em uma extremidade a cabeça de uma cobra e na outra a cauda. Esta cabeça e cauda devem ser de ouro e a varinha repleta de lâminas do mesmo metal. No stick é necessário escrever as palavras ou caracteres que são traçados no fundo da placa 1. re. Deve-se usar para esta operação tinta da China misturada com o sangue de uma jovem pomba branca ou de um cordeiro também branco e recém-nascido.

PLACA 2.

Este tabuleiro representa o círculo mágico no qual o velho das Pirâmides se colocou após a provação mencionada no tabuleiro 1.re

É a partir do meio deste círculo que devemos dizer as orações que devem ser sempre recitadas antes de iniciar as conjurações com os talismãs que se encontram nas seguintes placas.

Nunca se deve entrar

nele depois de ser

culpado de qualquer

ação da qual se possa

envergonhar, a menos

que tenha sido

absolvido por um verdadeiro

arrependimento, caso

contrário, por

seria atingido ali mais

ou menos cruelmente,

de acordo com a

enormidade da falta.

Em geral, não podemos

recomendar muito, não

devemos nos entregar

ao estudo e aos

experimentos da

grande obra, apenas

branqueada de toda

mancha moral; pois, mesmo que alguém não

fosse punido por isso,

visto que não obteria
nenhum sucesso, não
seria apenas uma
perda de tempo, mas
também toda a
esperança que alguém
razoavelmente
concebeu.

PLACA 3.

Esta placa representa o
primeiro dos talismãs
do velho das Pirâmides.
As palavras traçadas
na parte inferior são as que devem ser
gravadas no interior, no anel específico deste
talismã. Este anel deve
ser decorado com uma
pedra azul celeste, cuja forma deve representar
um hexágono.
O talismã deve ser
usado para afastá-los.

poderes celestiais e infernais. Devemos colocar o anel no dedo indicador da mão direita, e esta mão com o talismã na quadra, então pronuncie estas palavras: Siras , Etar , Besanas . Então VOCÊ verá uma multidão de espíritos e iguras fantásticas aparecerem a quem você pode comandar, pois eles estarão inteiramente sob seu comando. Para fazê-los desaparecer, basta retirar o anel do dedo e o talismã do lugar que ocupa; eles desaparecerão como um leve vapor.

PLACA 4 .

Esta placa é o desenho

do segundo dos talismãs do velho das Pirâmides. Na parte inferior deste desenho estão marcadas as palavras que devem ser gravadas no anel e dentro dele. Este anel, que será usado com este segundo talismã, deve ter um gatinho de forma triangular feito de um jayet muito polido. Esses dois objetos preciosos têm como objetivo fazer com que aquele que os possui seja amado pela mais bela porção da humanidade. Com a ajuda deles, não há mulher que não se importe para agradar a ele e que não usa todos os meios possíveis para ter sucesso. Para usá-los, você tem que colocar o anel no dedo indicador da mão esquerda, pressionar o talismã na boca e dizer com um suspiro carinhoso: Ô Nadès, Suradis Mani ner. Então um gênio com asas rosa virá e se ajoelhará na sua frente e aguardará suas ordens. Quando você der a ele, diga Sader Prostas Solas ter, e ele os executará pontualmente. Para acabar com o encanto que você produziu,

basta pronunciar

fortemente Mammes ,

Laher .

PLACA 5.

Esta placa representa o

terceiro talismã da

coleção do velho das Pirâmides.

O anel que deve ser

usado ao mesmo tempo

que ele, terá uma

pedra verde de formato

redondo e com

fasceltes.

Vamos gravar no

interior, as palavras

traçadas na parte

inferior da referida

placa 5.

O talismã é usado para descobrir tesouros e

garantir a posse de sua

família.

Para fazer isso, coloque o anel no segundo dedo

da mão direita e segure

o talismã com o

polegar e o dedo

mínimo da mão

esquerda

dizendo: Onaim ,

Perentes Rasonas tos ,

ao mesmo tempo

aparecerão sete

espíritos, cada um com um grande saco de

peles que esvaziarão a

teus pés: estes sacos

estarão cheios do ouro

que terão obtido com a

ajuda de uma coruja

negra , uma das quais

certamente estará

acompanhada.

Para dispensar esses

gênios, basta fazer um sinal para eles com a mão direita.

PLACA 6.

Representa o quarto dos vinte talismãs que compõem o caderno do velho das Pirâmides. O anel que será usado com este talismã, terá as palavras traçadas no fundo desta placa, gravadas do lado de fora; a pedra com a qual será guarnecida será de cor rosa e seu formato será oval. Este talismã é usado para descobrir os segredos mais escondidos e para penetrar em todos os lugares sem ser notado. Por exemplo, se você colocar o talismã perto de sua orelha que você com sua mão esquerda onde você colocou o anel no dedo indicador, e se você pronunciar as palavras: Nitrac, Radou, Sunan dam ao mesmo tempo, você ouvirá distintamente vários seres invisíveis dando-lhe algumas notícias sobre tudo o que lhe interessa. Se você pronunciar as palavras Etti ia, Nérum, inviolo, icará invisível e poderá penetrar em todos os lugares, é claro, desde

que mantenha o
talismã junto ao
ouvido, como nós.
apenas recomendou.
VOCÊS
vai querer,
PLACA 7.
Esta placa é o desenho
exato do quinto dos
talismãs do velho das
Pirâmides.
Este talismã e seu anel, de que falaremos mais
tarde, servem para
obrigar a pessoa mais
discreta a revelar ela
mesma seus
pensamentos mais
ocultos e a revelar abertamente seus
planos contra você ou
seus amigos.
Para isso, devemos

primeiro colocar o anel
no dedo mínimo da
mão esquerda e o
talismã na orelha
direita, dizendo as
palavras: Noctar ,
Raiban , e depois
uma pose leve para
pronunciar com força,
aquele Biranther , que
fará aparecer um gênio que tão logo você
tenha dito a ele;
Nocdar , se apressará
em trazer para você
aquele cujos segredos
você deseja descobrir;
se você quiser que o
gênio lhe traga várias
pessoas,
para os segundos será
necessário dizer: Zelan

der . Para dispensar essas pessoas, basta dizer: Ó Solem .

O anel será guarnecido com uma pedra topázio amarela de forma semi-esférica, as palavras que estão traçadas no fundo da referida placa 7 serão gravadas dentro e fora deste anel.

PLACA 8.

A oitava placa dá a imagem do sexto dos talismãs do caderno do velho.

Sua virtude é colocar à sua disposição o número de gênios que será necessário para a execução instantânea de todas as obras que deseja empreender, ou para impedir as obras que possam prejudicar a sua. As palavras mágicas a usar são: Zorami , Zai Elastot . Eles só devem ser pronunciados após colocar o talismã do seu lado esquerdo, em Descoberto, colocou o anel no dedo indicador da mão direita. O anel terá uma pedra de cor vermelha e formato quadrado. Vamos gravar na parte externa deste anel, as palavras que estão traçadas no fundo da placa de que estamos

tratando.

PLACA 9.

Esta placa oferece o

desenho real do sétimo

dos talismãs contidos

na cassete do velho

das Pirâmides.

É usado para controlar os elementos; com ela

podemos destruir tudo,

seja por raios, granizo, ventos e até mesmo

pelas estrelas. Em meio

às convulsões que

surgem, as

propriedades daqueles

cujos nomes você falou

são poupadas, assim

como as suas.

A conjuração é

realizada colocando o

talismã sob a axila

direita e colocando o anel no terceiro

dedo da mão direita. As palavras mágicas para

pronunciar são: Ditau ,

para relâmpago ;

Jurandos , para

granizo; Ridas

Talimol ,

para

terremotos ; Atrosis ,

Nar pida , para trombas

de água; Unsur , Itar ,

para as águas da

terra ; Hispen ,

Tromador , para

furacões; Parenthes , Istanos , para as

enchentes.

Para trazer tudo de volta ao seu estado natural, você tem que largar o talismã e o anel e pronunciar inulem .

O anel será enriquecido com um pierro (pedra) de cor azul turquesa e de formato quase cônico; neste anel, as palavras traçadas na parte inferior do talismã na referida placa 9 serão gravadas dentro.

PLACA 10.

Esta placa reproduz exatamente o oitavo dos talismãs do tesouro do velho das

Pirâmides.

É usado para tornar invisível a todos os olhos; mesmo aos olhos dos gênios, aquele que faz uso apropriado dela. O autor de todas as coisas pode testemunhar sozinho os procedimentos e ações daquele que o conduz. Com ele podemos penetrar em qualquer lugar dos mares, nas entranhas da terra, e navegar nas regiões aéreas, e descobrir o que está lá ou ver o que está acontecendo lá.

As palavras mágicas a serem pronunciadas são: Benatir para as águas,

adicionando Curarkau ,

se se tratar de mar ;

Dedos , para a terra, e

Etinarmi , para os ares.

Deve-se notar que

o anel deve ser

colocado no primeiro

dedo da mão esquerda

para as águas, o

segundo para o mar, o

terceiro para a terra e

o quarto ou dedo mínimo para os ares.

Este anel deve ter,

gravadas na parte

externa, as palavras

inscritas no fundo da

placa 10. Deve ser

enriquecido com uma

ametista em forma de

octógono.

O talismã no primeiro caso será colocado na mão direita; na segunda, sob a axila do mesmo lado; na terceira entre o pé esquerdo e o sapato, e na quarta, entre a cabeça e o penteado ou chapéu.

PLACA 11.

A décima primeira placa representa verdadeiramente o nono dos talismãs que constituem a ciência oculta e que eram possuídos pelo velho das Pirâmides. Tem a virtude de transportar quem o possui, para a parte do mundo que lhe agrada, sem correr o menor perigo. Para fazer isso, você deve pronunciar as palavras Raditus , Polastrien Terpanau , Ostrata , Pericatur , Erimas , pressionando contra o coração o talismã cujo desenho estará voltado para fora, e colocando o anel 3 de que falarei no terceiro dedo da minha mão direita. Este anel no qual será gravada no seu interior as palavras Traços no fundo da referida placa 11, será adornado com uma saira cuja forma será de um trapézio.

PLACA 12

Esta placa é o desenho bem imitado do décimo talismã que o velho das Pirâmides possuía. Por este meio abrimos todas as fechaduras independentemente dos segredos que utilizamos para as fechar, sem ter que utilizar uma chave. Ele o protege de qualquer

detenção; porque, com

a ajuda dele, você

poderia escapar de todos os lugares onde

estaria trancado;

coloca à sua disposição

tudo o que alguém

pensaria que deveria

estar escondendo de

você.

Este talismã deve ser

usado em alta

na nuca, o desenho

interno.

O anel desempenha um

papel muito importante

nesta operação mágica; é por isso que o maior

cuidado deve ser

tomado em sua

preparação. Devemos

segurá-lo com o

polegar e o indicador da mão direita e tocar a fechadura enquanto pronunciamos estas três palavras: Saritap , Pernisox , Ottarim . O anel deve ter, gravado do lado de fora, as três palavras acima. Deve ser enriquecido com uma esmeralda em forma de quadrado comprido.

PLACA 13.

Esta placa representa o décimo primeiro dos talismãs do velho das Pirâmides. As palavras traçadas na parte inferior são aquelas que devem ser gravadas na parte externa, no anel específico para este talismã.

Este anel deve ser decorado com um pedaço de coral, cuja forma deve representar um losango. O talismã deve ser usado por aquele a quem pertence, para ver tudo o que está acontecendo nas casas, sem ter que entrar, ou para ler a mente de todas as pessoas de quem se aproximar ou com quem ele pode encontrar a si mesmo e, sendo capaz de servi-los ou prejudicá-los como quiser.

O talismã deve ser

ixado na cabeça, por meio de uma ita ou de um cordão imperceptível, se melhor não se gosta de prendê-lo à parte do corpo que dispensarei de nomear. O anel será colocado no dedo mínimo da mão esquerda.

Para ver o que se passa nas casas ou para conhecer o pensamento das pessoas, sopras o anel dizendo: Ó Tarot Nezael , Estarnas , Tantarém .

Para servir àqueles que você gosta de favorecer, você dirá : Nista , Saper , Vinos .

Para prejudicar seus inimigos, você deve dizer: Xatros , Nifer , Roxas , Tortos .

PLACA 14.

Esta placa foi ielmente copiada do décimo segundo dos vinte talismãs encontrados no precioso cassette do velho das Pirâmides. Na parte inferior deste desenho estão traçadas as palavras que serão gravadas no anel e no interior. Este cordeiro, que deve ser usado com o décimo segundo talismã, deve ter um gatinho ágata cuja forma será a de um peixe chato. Esses dois objetos têm por objetivo abortar todos os projetos formados contra o proprietário; eles ainda estão destinados a subjugar os gênios quem gostaria de se opor à vontade que ele manifestaria.

Quando quiser usar o talismã, coloque-o embaixo da mão esquerda apoiado em qualquer objeto, tendo o anel no segundo dedo da mão direita e dirá em voz baixa e inclinando a cabeça:

Senapos , Terita , Estamos , Periter , Notarin .

PLACA 15.

Esta placa representa o décimo terceiro talismã

da maravilhosa coleção
do velho das
Pirâmides.
O anel que deve ser
usado ao mesmo tempo
que ele, terá uma opala
cuja forma será de uma
pêra particular
de sua cauda.
Vamos gravar no exterior deste anel, as
palavras traçadas no
fundo da referida placa

15.
O talismã e seu anel
têm uma propriedade
tão extraordinária
quanto agradável; eles
o tornam
eminentemente
virtuoso e o fazem
adquirir todos os tipos

de talentos.

Para o primeiro objeto, deve-se colocar o anel na primeira falange do terceiro dedo da mão esquerda, levantar o talismã com a mão direita, na altura dos olhos, e pronunciar as três palavras: Turan , Estonos , Fuxa .(em esta parte o x em fuxa parece mais um z no caso na hora de empreender use os dois se possível,w.Uriel observação)

Para o segundo objeto, devemos erguer o talismã acima do lírio, dizer: Vazotas , Testanar , (o z repetido de novo parece mais um x então observe bem antes de fazer tal) e veremos operar milagres.

PLACA 16.

Esta placa é o desenho exato do décimo quarto talismã do velho das Pirâmides.

Esse talismã e seu anel, de que falaremos mais tarde, são usados para reconhecer todos os minerais e plantas, para aprender quais são suas virtudes e propriedades; adquirir a ciência da medicina universal, para que possamos empreender a cura de todas as doenças; pois um possuirá todo o conhecimento dos

Esculapes, Hipócrates e Gáliens. Você deve usar o talismã na barriga e o cordeiro pendurado no pescoço com uma ita de fogo, e cada vez que estiver perto de uma pessoa doente, pronuncie as seguintes quatro palavras: Reterren , Salibat , Hisater , Cratares . O anel será decorado com um rubi em forma de laranja. Gravaremos, dentro e fora deste anel, as palavras que são traçadas na parte inferior da referida placa 16.

PLACA 17.

A décima sétima placa dá a imagem do décimo quinto dos talismãs que estavam encerrados na urna do velho das Pirâmides. Sua virtude é manter entre os animais mais ferozes e inofensivos aquele que o possui. É usado para domesticá-los à vontade, para saber pelos seus diversos gritos o que eles querem ou o que sofrem; pois eles têm uma linguagem sempre entendida por seus pares. Animais raivosos sempre se afastarão daquele que usa este talismã, e ele os matará em pronunciando as palavras: Tramantren, Ricona, Estupit, Oxa. Mas para se encontrar sem perigo no meio de bestas ferozes, é necessário pronunciar: Hocatos, Imorad, Surater, Markila, apresentando-lhes o anel de que se vai falar. Este anel que devemos ter sempre quando queremos usar o talismã, deve ter gravado na parte externa, as palavras traçadas no fundo da placa 17. A pedra com a qual será decorada

terá o formato de uma
espiral e será colorida
de fogo.
O talismã é usado na barriga suspenso por
uma ita da mesma cor
da borda que terá sido
usada.
PLACA 18.
Esta placa reproduz
exatamente o décimo
sexto dos talismãs que
formam o tesouro do
velho das Pirâmides.
É usado para conhecer
as más intenções de
todos os indivíduos que se vai encontrar, de
modo a garanti-los
mesmo aqueles que se
encontram num raio de
duzentos e não perto
de quem vai ter este

talismã. Se alguém cruzar os maldosos com o anel próprio do mesmo talismã, eles icarão maravilhados; e eles não recuperarão o uso de seus membros até depois de terem sido feitos para pronunciar a palavra: Toniruf . Para usar este talismã, coloque-o no coração e pronuncie as palavras: Crostes , Furinot , Katipa , Garinos , com o anel no dedo da mão direita. O anel deve ter gravado na parte externa, as palavras traçadas no fundo do dito prato 18. Será enriquecido com um cálão formado por uma pedra lilás em forma de coração.

PLACA 19.

A décima nona placa representa verdadeiramente o décimo sétimo dos talismãs que constituem a ciência oculta que o velho das Pirâmides possuía. Utilizamos este talismã para adquirir em muito pouco tempo o conhecimento perfeito de tal e tal arte ou de tal ciência na qual se deseja brilhar, sem a necessidade de nenhum mestre. Por meio dele também podemos transmitir a quem quisermos, a ciência ou a arte na qual nos tornamos superiores aos mais fortes. Este talismã é colocado no antebraço direito, se for uma arte, e na testa, se for uma questão de ciência. O anel é usado de maneira que seja considerado adequado. Devem estar gravadas na parte externa desse anel as palavras traçadas na parte inferior da Placa 19, e deve ser guarnecido com uma pedra em forma de estrela e de cor roxa.

As palavras mágicas para pronunciar ao usar o talismã são, para adquirir talentos : Ritas , Onalun Tersorit e para transmiti-los a outro : Ombas ,Serpitas , Quitathar , Zamarath Estas palavras devem ser seguidas do nome da arte ou ciência que se deseja possuir ou que deseja transmitir.

(51)

PLACA 20.

Esta placa é o desenho bem imitado do décimo oitavo talismã que o velho das Pirâmides possuía.

Por esse meio, um ganha em todos os

tipos de jogos de azar e outro derrota. vem possuidor da fortuna de quem tem a imprudência de arriscar todos os seus bens contra o seu. É especialmente valioso, na medida em que lhe dá um número favorável, em todas as ocasiões em que sua bolsa ou seus prazeres correm algum risco. Este talismã deve ser usado no braço esquerdo e devidamente protegido por uma ita branca; o anel deve estar no dedo mínimo da mão direita. Para usar este talismã devemos, cada vez que reiniciarmos um jogo,

ou corrermos uma

chance, tocar o braço

esquerdo com a mão

direita, no local onde o talismã será colocado,

beijar o anel e

pronuncie três das

cinco palavras :

Rokes ,zotoas

Xatanitos Pilatus , Tulitas .

Haverá no anel, no

interior, as palavras

gravadas que se

encontram no fundo da

placa 20. Este anel será enriquecido com uma

pedra de cor amarelo

pálido e cuja forma

será a de uma bolota

de carvalho.

PLACA 21.

Esta placa foi ielmente copiada do nono dos

vinte talismãs
encontrados na
preciosa cassete do
velho das Pirâmides.
Na parte inferior deste
desenho estão
marcadas as palavras
que serão gravadas no
anel e na parte
externa. Este anel, que
é usado com o décimo
nono talismã, deve ter
um gatinho turquesa
cuja forma será a de uma lua crescente.
Esses dois objetos têm
como objetivo servir
para direcionar todos
os poderes infernais,
contra aqueles que
querem prejudicar
aquele que os possui

Nós os usamos da maneira que melhor lhes convém. Pronunciamos antes de dar a conhecer o que queremos que os gênios infernais executem, uma das palavras mágicas: Osthariman , Visantiparos , Noctatur Quando quer acabar com as torturas que ordenou ou com os aborrecimentos que desejava sentir nos inimigos, pronuncia estas duas palavras: Abibale , Necum .

PLACA 22.

Esta placa representa o vigésimo e último dos talismãs da maravilhosa coleção do ancião das Pirâmides. O anel a ser usado deve ser decorado com um brilho, cuja forma será a de um ovo muito pequeno. Vamos gravar dentro e fora deste anel, as toupeiras traçadas na parte inferior da referida placa 22.

Este talismã e seu anel
têm a virtude de tornar
conhecidos os poderes
infernais que desejam
empreender para
frustrar os planos de
seu portador. Ao
mesmo tempo, eles
têm a
propriedade para dar-
lhe os meios para lutar
contra esses inimigos
perigosos, para
derrotá-los e forçá-los a se tornarem
favoráveis a ele. Para
obter esta vitória, é
necessário colocar o
talismã no peito, no
nascimento do
estômago, submetendo
o anel à primeira

falange do dedo
mínimo da mão
esquerda, e proclamar
as palavras: Actatos ,
Catipla , Béjouran ,
Itapan , Marnutus .

PLACA 23.

Esta placa representa a Coruja Negra, este
Pássaro Maravilhoso do
qual se fala na obra
inestimável que tem
por título: O GÊNIO E O
ANTIGO DAS
PIRÂMIDES,
interessante história
das ciências ocultas,
com a Coruja Negra,
pássaro maravilhoso.
Obra publicada vinte
anos após a morte do
autor (em 1672) por

TOBÉNÉRIAC, seu herdeiro.
Nada poderíamos
acrescentar ao que é
dito, em relação a este
pássaro extraordinário,
no trabalho que
acabamos de citar. Nós
portanto, nos
limitaremos a engajar
nossos leitores a obtê-
lo, se ainda não o
tiverem; porque é um
anexo essencial para
este caderno. Seria
difícil, senão impossível, ter sucesso
sem consultá-lo em
todos os pontos.
O uso da coruja negra é
a maneira mais segura
de fazer fortuna, é a
mais fácil e a menos

perigosa, por isso é a que os magos ou estudiosos egípcios usam com mais frequência. Seria necessário que o país que esta ave fez escavar fosse muito pobre, para que não descobrisse muito rapidamente, algum objeto precioso que pudesse compensar, senão enriquecer, aquele que o teria enviado à descoberta.

PLACA 24.

Esta placa é o retrato iel do velho das Pirâmides, o primeiro dono dos talismãs e anéis que acabamos de descrever e dos quais fornecemos os desenhos. Seria o caso de dar a conhecer este velho, quanto ao seu saber, à sua origem, ao lugar onde viveu e principalmente quanto às suas ações; mas a leitura da interessante obra publicada por M. Tobénériac e da qual falamos na explicação da placa anterior, vai ensinar muito mais do que seria possível para nós, para homens inteligentes e virtuosos, entre os em cujas mãos esta obra deve estar sempre.

ORAÇÕES

Que você deve sempre recitar antes iniciar conjurações.

PRIMEIRA ORAÇÃO.

Ele vai ter que - acima do fogo celeste uma chama incorruptível , sempre faíscas celante , fonte da vida , fonte de todos os seres e o princípio de todas as coisas . Este chama produz tudo e nada vai perecer de que ela consome : isso étornado conhecido por ele - mesmo ; Este fogo não pode ser conteúdo em qualquer lugar ; ele é sem corpo e sem assunto , ele envolve os céus , e ele sai de ele

uma pequena faísca

que faz todo o fogo do

sol , da lua e as

estrelas . Isso é isso

que eu sei de Deus

:não tente descobrir

mais ; porque ele passa

seu alcance , um bom

juiz que você seja : o

ainda , saber que o

homem injusto e perverso não pode ser

escondido antes de

Deus

;

nem endereço , nem

uma desculpa não pode

não vestir-se em seu

olhos perfuração . Tudo

está cheio de Deus :

Deus está em toda

parte .

SEGUNDA ORAÇÃO.

Ele vai ter de Deus um enorme profundador de chamas ; o coração não deve temer , no entanto não tem medo de tocar em este fogo lindo , ou para ser tocado ; ele vai ser o ponto consumido por este fogo se suave , que o calor tranquilo e imperecível feita a conexão , harmonia e a duração do mundo . Há nenhum sub siste que por este fogo , que é Deus até. Ninguém se tem gerado ; não é nenhuma mãe , ele sabe tudo ,e ele faz

isso pode não ouvir :
ele é inabalável em
seus projetos e seu
nome é inefável . Isso é o que é esse Deus ;
porque para nós , que
samos suas criaturas ,
nós fazer reforçar uma
pequena parte de Deus
:nossa alma .

ORAÇÃO DOS SÁBIOS.

Imortal , eterno , inefável e santo Pai de
todas as coisas , que
são usados no carrinho
rolando sem esses é ,
de mundos que giram
sempre . Dominador de
campanhas Etéreas
nasce , onde é alto o
trono de tua então
ciência , o topoque
seus olhos temíveis

descobrir tudo , e seu
belo e santos ouvidos
ouvem tudo . Ouvir o
seu ilho que você tem
amado desde o seu nascimento e do
começo dos séculos ,
suas majestade
resplende o - topo do
mundo , de estrelas e o
céu ; você está alto, o
fogo brilhando , você
acender e entrentem
por seu próprio esplendor, e de sua
essência emanam
inesgotáveis correntes
de luz que nutrem seu
espírito ininito. Este
espírito ininito produz
todas as coisas e faz
aquele tesouro
inesgotável de matéria,

que não pode faltar à
geração que sempre o
rodeia, por causa das
inúmeras formas de
que está grávida e com
as quais o encheste no
início. Deste espírito
também derivam suas origens aqueles
santíssimos reis que
estão ao redor de seu
trono, e que compõem
sua corte, ó pai
universal! oh único! Ó
pai dos abençoados
mortais e imortais!
você criou em
particular poderes que
são maravilhosamente
semelhantes ao seu
pensamento eterno e à
sua essência adorável

5

Você os estabeleceu superiores aos anjos que anunciam seus desejos ao mundo. Finalmente você nos criou soberanos nos elementos. Nosso exercício contínuo é louvá-lo e adorar seus decretos. Estamos ardendo de desejo de possuí-lo. Ó pai! Ó mãe, a mais terna das mães! Ó admirável cópia dos sentimentos da ternura das mães! Ó ilho, a lor de todas as crianças! Ó formas, alma, espírito, harmonia e número de todas as coisas, nós te adoramos.

Terminaremos este trabalho permitindo que nossos leitores saibam o que lemos nós mesmos, na boa edição da Verdadeira Magia Negra, ou Os Segredos dos Segredos, etc., impressa em 1750, páginas 140 e seguintes. Diz: Recomendamos, por estes motivos, () para a meditação séria das pessoas que se encontram num dos casos acima indicados, os vários livros cujos títulos se seguem: (1) Estas razões são que, como muitas pessoas podem não ter a possibilidade de

seguir ponto a ponto,

todas as cerimônias essenciais, ao mesmo

tempo que todas as

práticas necessárias

para formar os

pantáculos ou talismãs

que são o mérito de

trabalho em questão,

será sem dúvida

agradável para eles

serem informados

daqueles que contêm

segredos ocultos, de

execução mais fácil, e

de uma forma ao

alcance dos menos

iluminados, entre os mais honesto,

1.° Os admiráveis

segredos de Albert, o

Grande, 2.° Os

maravilhosos segredos da magia natural e cabalística de o pequeno Albert. Nota. Devemos preferir a edição em que vemos o título, um homem rico sentado, dando uma bolsa para um pobre homem em pé. + 3.° O verdadeiro Dragão Vermelho. Nota. A melhor edição é aquela com a galinha preta. + 4. O Enchiridion Leonis Papæ. notado. A edição correta é a de Roma em 1740, cujas iguras são coloridas. 5.° As obras mágicas de Henri-Cornneille Agrippa. Nota. A única edição boa é a impressa em 1744, com o segredo da rainha das moscas peludas.

† 6.° O Grimório do Papa Honório, com uma coleção dos segredos mais raros. Nota. É preciso reconhecer como bom que o é. edição impressa em 1760, com gravuras coloridas. * 7.. As verdadeiras Clavículas de Salomão, tesouro das ciências ocultas, etc. Nota. Não existe uma edição realmente boa, do que o aprovado por Agaliarept, contendo a grande cabala conhecida como

Borboleta Verde.

8. O Futuro Desvelado, ou astrologia, horoscopia e adivinhações antigas explicadas por adivinhos da Idade Média.

9. • os elementos de quiromancia, arte de explicar o futuro e o caráter do homem e da mulher, pelos traços e sinais da mão.

10.° magia vermelha, a nata das ciências ocultas, naturais ou divinatórias. Este livro foi impresso em papel rosa escuro.

11.° Pequeno Tratado sobre a Baqueta Divinatória, para

encontrar as coisas mais escondidas etc.

12. • A verdadeira magia negra, ou o segredo dos segredos; edição de 1750.

13. ° Manual Completo do Demonomano, ou os truques do inferno revelados. Vocabulário Triplo Infernal. 14. ° Filactérios ou preservativos contra doenças, feitiços e encantamentos, junto às crenças e práticas populares mais difundidas.

PLANCHE N.º 1

Soutram, Wbarsinens, Saram.

A

PLANCHE 3.

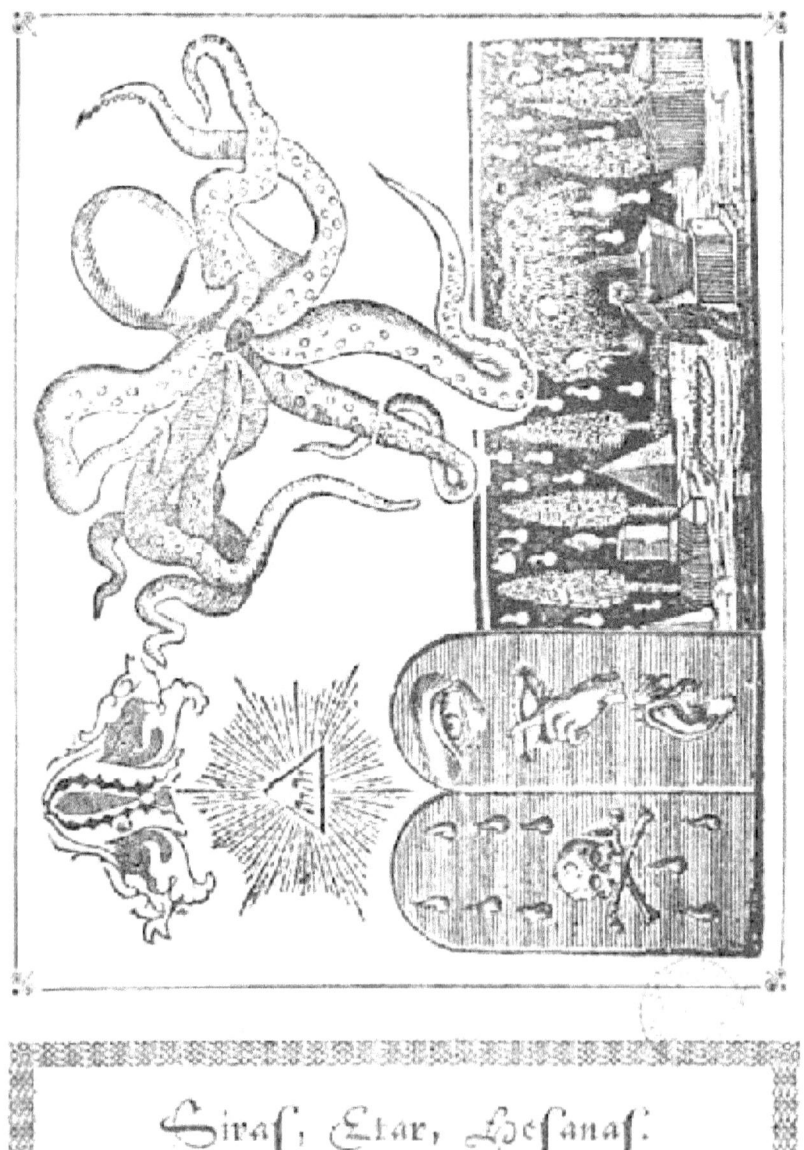

Siraſ, Etar, Heſanaſ.

PLANCHE 4.

ô Nadèr, Proftaf Laher.

PLANCHE 5.

Onaim, Pérantès, Rasonastos.

PLANCHE 6.

Nitrac, Falon, Sunandam.

PLANCHE 7.

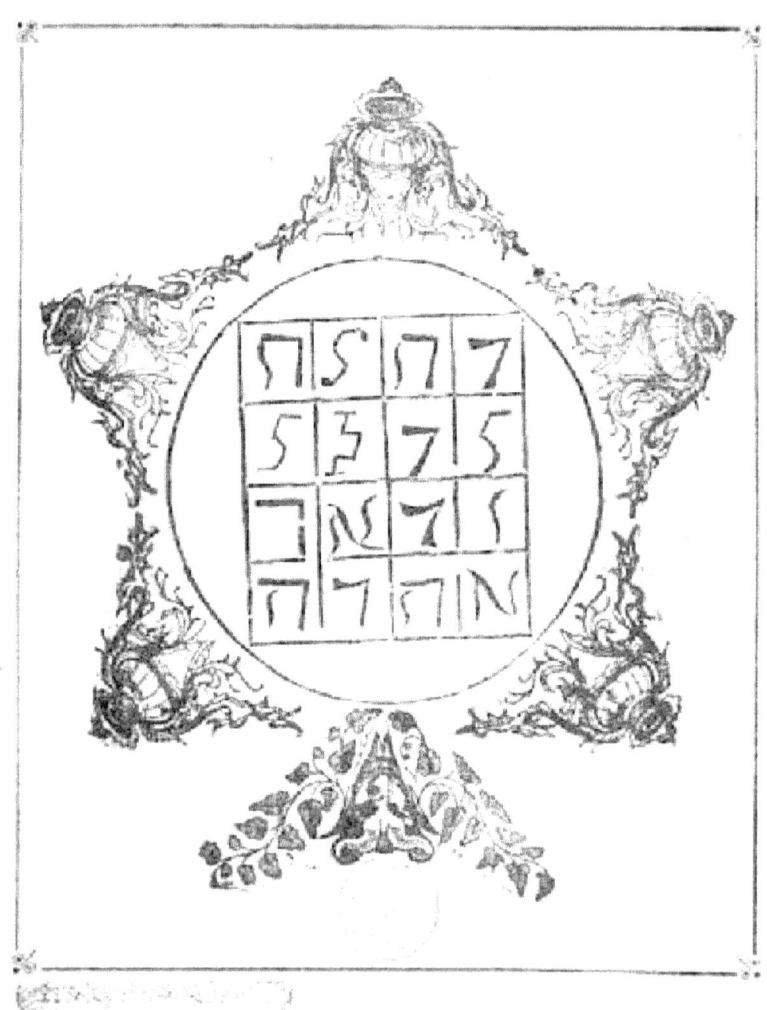

Noctar, Raibau, Birantfer.

PLANCHE 8.

zorami, zaitux, Elaſtot.

PLANCHE 9.

Sitam, Eidaf, Atrofif.

PLANCHE 10.

Benativ, Cararkau, Sedof, Etinarmi.

PLANCHE 11.

Faditus, Ostrata, Evinas.

PLANCHE 12.

Saritap, Pernisox, Ottarim.

PLANCHE 13.

ô Tarot, Nifla, Natref.

PLANCHE 14.

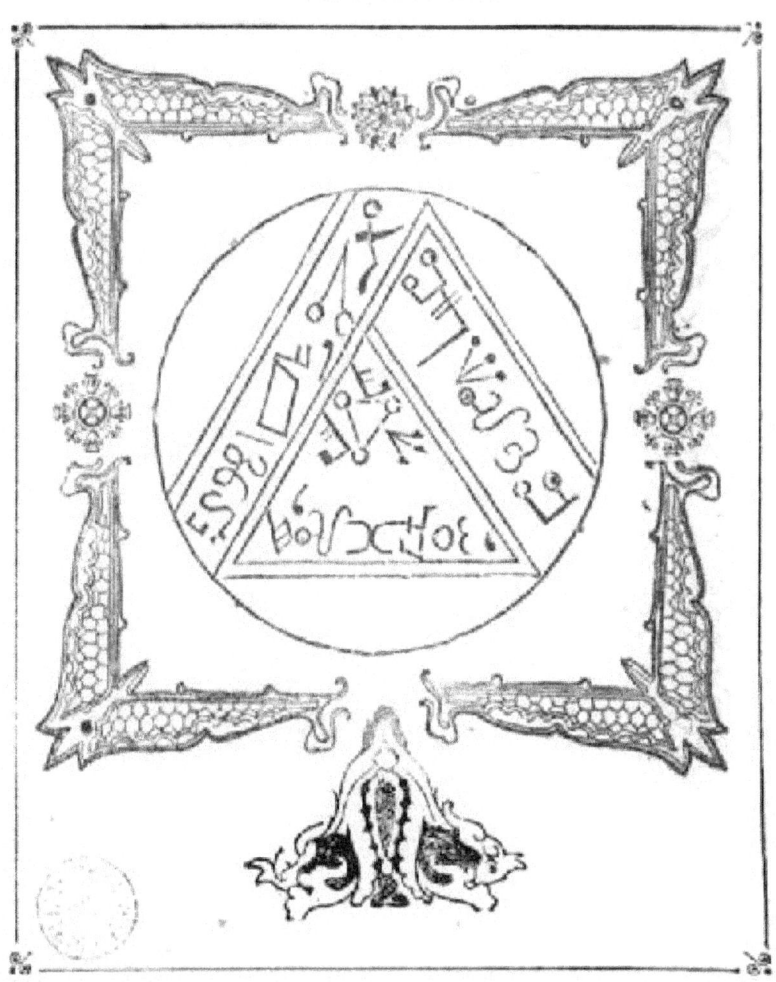

Senapos, Estamos, Notarin.

PLANCHE 15.

Turan, Dagotaf, fuga.

PLANCHE 16.

Feterrem, Safibat, Hifater, Cratares.

PLANCHE 17.

Evocatos, Marhila, Estupit.

PLANCHE 18.

Crosstes, Hatipa, Sarinos.

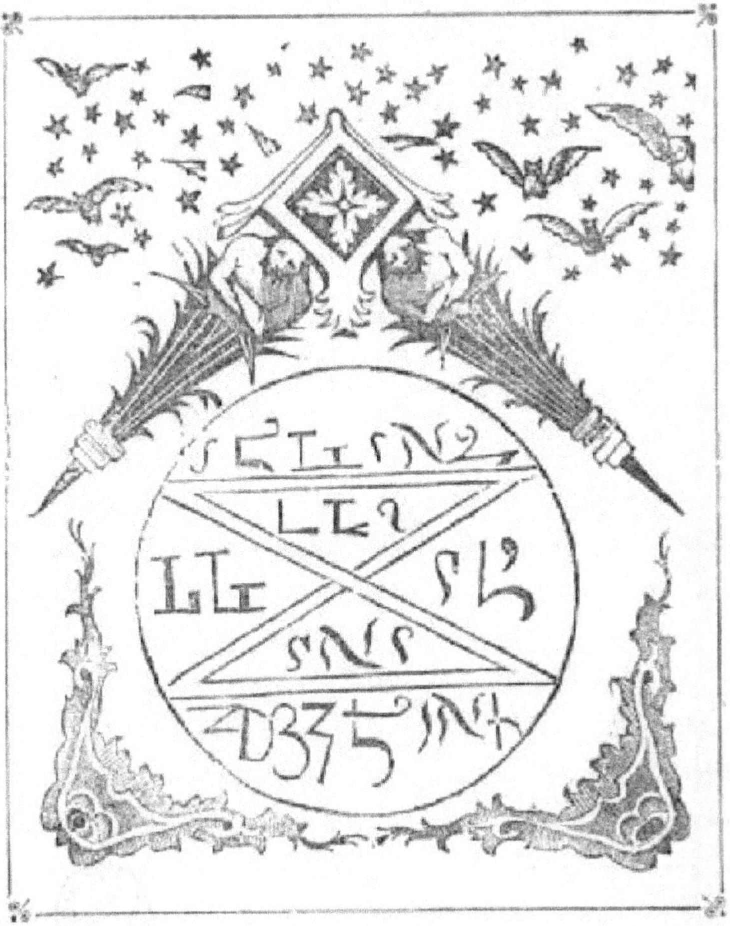

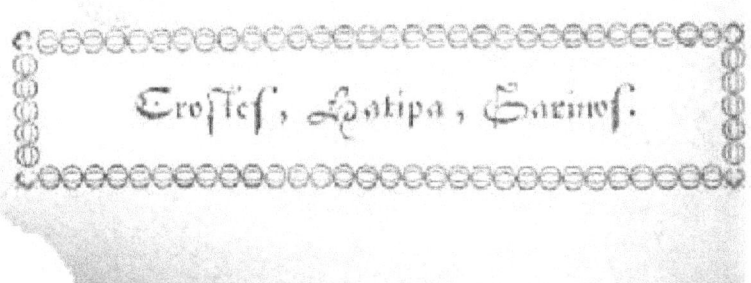

PLANCHE 19.

Fitaf, Ombaf, Zamarath.

PLANCHE 20.

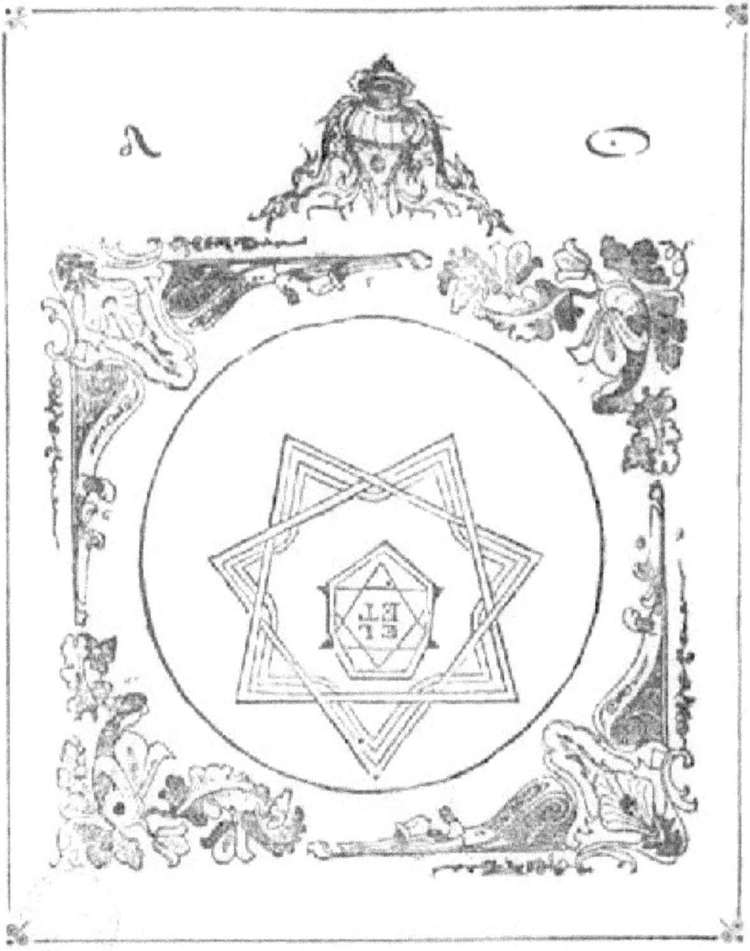

Xoljes, zotoas, Satanitos, Pilatus,
Tulitas.

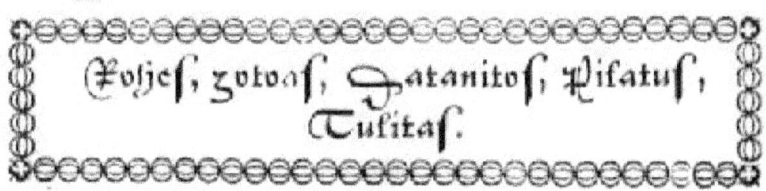

PLANCHE 21.

Sthariman, Disantiparos,
Noctatur.

PLANCHE 22.

Actatos, Bejouran, Marnutus.

PLANCHE 23.

LA CHOUETTE NOIRE,
OISEAU TRÈS-MERVEILLEUX.

PLANCHE 24.

PORTRAIT DU VIEILLARD DES PYRAMIDES.

15.° Os admiráveis segredos de Alexis Piémontais.

Este volume é bastante raro, trata de muitas coisas estranhas às ciências ocultas.

Lemos, em uma das obras que acabamos de citar, uma nota que pode ser um feliz guia na útil pesquisa que nossos amigos podem fazer, aqui está:

"Há outra obra muito preciosa; mas é tão raramente encontrado que nunca vi mais de um exemplar durante minhas longas viagens. O dono não quis me vender, embora eu tenha oferecido muito dinheiro; e só me permitiu copiar o título. Este livro é escrito em francês, com erros ortográficos, cada folha é dupla ou impressa em apenas um lado, pois na China o papel é fino, como lenço de papel de um branco sujo quase cinza; intitula-se a arte de congurar os espíritos, juntando-se a ela as cabalas e exorcizuras reais, os pentáculos mais úteis, o segredo mais útil,

posto em feliz prática por Dom Juan Alcantor, erudito português, etc., etc. ; tem a data de 1645.

Esta obra, segundo as informações que obtive, foi impressa em Goa, na Índia.

Entre os espécimes que chegaram à Europa, alguns foram enviados como presentes, aos personagens da mais alta condição; os outros foram acusados de fraude,

depois de ter sido roubado por um familiar da Inquisição, e parece ter sido até então muito cuidadosamente preservado em famílias que tiveram a sorte de obtê-los.

Afirma-se, no entanto, que há alguns em uma das livrarias em Paris; mas que ele não quer vendê-lo, a menos que obtenha grandes somas dele. Talvez este trabalho seja menos raro após sua morte para nós.

vai ver, se vivermos. fim. imprimir em nome do editor

www.ingramcontent.com/pod-product-compliance
Lightning Source LLC
Chambersburg PA
CBHW031123160426
43192CB00008B/1099